Prologue
AFRO
ね…ねぇ
山木《やまき》さん…
起きてる？
ん？
何…？
ポレちゃん

ぎゅっ
ねぇねぇ
今日の西武《せいぶ》ドームの試合おもしろかったね
お客さんの熱狂もすごかったねぇ
野球のルールが分かんない私でも楽しかったなぁ～
ドームで食べた焼きそばもビールも美味しかったし～
ん…ああ…そうだね
ねっ明日は山木さん会社休みだよね
ねっねっ
だから…
だから…
ポレちゃん

今日は早く寝かせてよ
ゴロン…
仕事でとっても疲れてるんだ…
……
ご…ごめんね…
私たちは
特に仲が悪いというワケではない
むしろ
今日は鍋だよ～ん
ケンカなんてほとんどしない
でも…

セックスは
全くと言っていいほどすることがなくって…
やっぱり私から誘ったのがよくなかったのかな…
その気になるのを待つべきだったのかな…
ねぇ山木さんどうなの…？
教えてよ…
寂しいなぁ…
これはそんな私たちカップルの日常を描いたお話です

今日も
拒まれてます
〜セックスレス・ハラスメント嫁日記〜

KYOU MO KOBAMARETE MASU

Presented by Poreporemi

ポレポレ美

ぶんか社

CONTENTS

Prologue …… 1

Chapter 1 1ヶ月以上しないのは…レス? …… 7
Chapter 2 セックスチケット発行!? …… 15
Chapter 3 嫉妬で…急展開! …… 23
Chapter 4 いざ! 新婚旅行 …… 33
Chapter 5 ダンナに直談判! …… 41
Chapter 6 深夜の切手シート大作戦! …… 49
Chapter 7 マカのパワーで待望の一夜に…!? …… 57
Chapter 8 ヤル気UPはセクシー下着から! …… 65
Chapter 9 男友達にレス相談したら? …… 73
Chapter 10 不倫、ダメ絶対? …… 81

Column …… 89

Chapter 11 仕事? たまたま? それとも浮気? …… 91
Chapter 12 いい匂いの女 …… 99
Chapter 13 シャツについた長い髪 …… 107
Chapter 14 直撃! あの女との関係は!? …… 115
Chapter 15 女の幸せって? …… 123
Chapter 16 はじめての…妊活! …… 131
Chapter 17 はじめの一歩は基礎体温 …… 139
Chapter 18 排卵日の大勝負 …… 147
Chapter 19 少女漫画のような夜? …… 155
Chapter 20 ついに抱かれる夜に… …… 163

Column …… 171

Epilogue …… 173

友人らと飲んでいた時のこと——
もぐもぐ
昨日さ〜久々に彼氏とエッチしてさ〜
Chapter1
1ヶ月以上しないのは…レス？
ん？
久々って？
もう２ヶ月ぶりかな
それレスじゃない？１ヶ月が定義って言うじゃん
アハハ
やっぱし？
だよね〜
レ…レス!?

なーんか気がついたらいつの間にやら全然してないって感じだよね〜
まじー？
典型的じゃん！
……………
アハハ
昨日もさ〜久々なのに「いつもの流れねハイハイ〜」みたいなノリなワケ！
もうあんなのエッチでもなんでもなかったな〜
全然感じなかったし…
それ重症だ！マンネリ！別れな！
重症？マンネリ？別れる？

それに比べてさ～
いいよね～
ポレのところは～
ねー
長いのに
仲良いじゃんねー
レスなんて
悩みは
無縁でしょ～？
えーっ.
あ～
うらやましい♡
このヤロー
ワー
次は
いよいよ～
結婚だ～
カンパーイ
キャー
私こと
ポレポレ美《み》は――

彼氏とは
交際9年目で
現在同棲中――
おかわりちょーだい
はいよ
付き合いが
長い割には
仲は良いと
思うし…
アハハ…
家族や友人にだって
公認の仲だし…
お互いを認め合って
必要とし合ってる
関係で…
ここはもう少し似せてほしい…
彼氏は編集者→
うん
うん
まさしく
ベストパートナー
だと思うんだけど…
けど…けど…

ハーア…
最近してねぇんだよな
これってみんなが言ってたレスってやつ?
生理予測アプリ
もう1ヶ月以上何もないよ…
私は――
大好きだからこそ…
ハア…
エッチがしたくなるんだけどなぁ…

そして今宵《こよい》も…
ねー
ぐごぉー
山木さーん！
ねぇってば〜
がー
ごぉー
ねぇってば〜
……
がー
ぐごぉー
くそう…

あっ!
ぐおー
がー
NO
なんと!
NO
枕がNOになっているのは…
たまたまだよね?
たまたまだよね?

山木のバカ!
ばふっ
もう知らない!
ひどいよ…
がージ
好きだからしたいのに…
『妖怪枕返し』
サッ
つ
YES
このまま眠られてたまるか~!
お・き・ろ~
この時はまだ二人とも陽気だったんだ…
お・き・ろー
この時はまだ——

Chapter2
セックスチケット発行!?

いろいろ種類があるし内容も違うから～
ねー
うん…
ミシン目がついてるでしょ？各チケットを切り離して～
YES
しごきの特訓コース
したくなった暁には私のところに渡してほしいの～
ありがとう…
財布に入れておくね…
ふっふっふ～♡

まこれで
レス問題も
解消されるでしょう!
うん
うん
我ながら
素晴らしい
アイデアだね!
えへへへ♡
ポワ〜ン
最初に
どのチケットから
使われるかな?
今日は夜に
備えて…
キャ〜
この間
買ったやつ〜
おニューの下着を
つけちゃおう♡

その夜——
山木さーん!
ねーねー
ゆさ
ゆさ
え〜?
チケットは使わないの〜?
ああ〜
明日早いから
今度…
むにゃ…むにゃ

なーんだよ
ふーんだ
昨日も大イビキかいて寝られちったじゃん
やっぱり内容の問題？
もっと過激にすればよかったかな～？
ん…？

スタンダード カップルコース
どっきり♡コース
濃厚な
陽気なガールコース
しごきの特訓コース
……
なんで
私の
手の届かない
場所に…

その夜――
違うって！財布に一度は入れたんだけどさー
ほらっ
紙が厚くて入んなくって…
そーだったの！
朝は急いでてさ本棚に置き忘れちゃったままでさ…
うっかりねー
なーんだそういうこと！
新しい紙で印刷し直すよ
ワハハ
アハハ
そうして～
カタ…
カタ…
カタ…

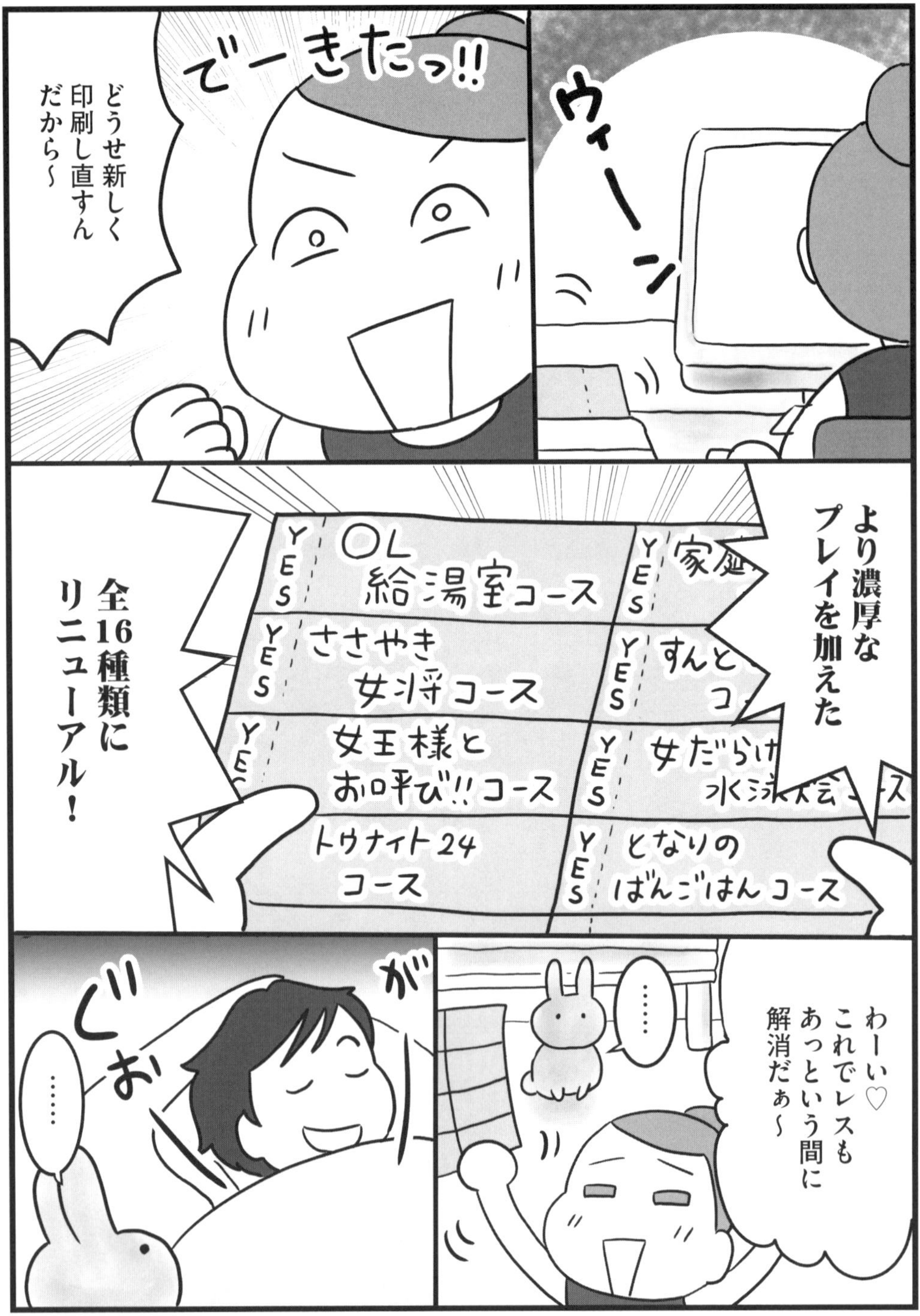
ウィーン
でーきたっ!!
どうせ新しく印刷し直すんだから～
より濃厚なプレイを加えた
全16種類にリニューアル!
YES
OL 給湯室コース
YES
ささやき 女将コース
YES
女王様と お呼び!!コース
トウナイト24 コース
YES
YES
YES
となりの ばんごはんコース
わーい♡ これでレスも あっという間に 解消だぁ～
……
ぐぉ
が
……

Chapter 3 嫉妬で…急展開!

アンタだって今年で30よ
えっ…
次の人を見つけるなら今じゃない？
そうか…
…ってさー あたしゃなんでこんなことを姉相手に言ってんだ？
ケッ
アドバイスをありがとう… 愛しの妹ちゃん…
大好きだったんだけどさ… 結婚や妊娠を考えちゃうとね レスのままだと なかなかさ…
そうだよね…

妹の言葉が胸にささった
レスのまま結婚して出産なんて――
っていうかそもそも子づくり自体が無理だよね…
どうしたらいいんだろう…
それから数日後――
アハハ
ワハハ
とある飲み会――
またねー
気をつけてねー
いや～久々にみんなで飲みましたねぇ～
楽しかったなー
遅いし家まで送ってくよ

でねー
あはは
分かる分かるー
あっ！
山木さん
……
紹介するね～
デザイナーの
河口《かわぐち》さん～
どーも
ポレちゃんには
お世話になってます

じゃあね～
遅いから迎えに行こうとしてさ…
ただいま～
ほんと～？
ジャ
今日は飲み会だったんだっけ？
そだよ
ん？どしたの？
今の男は誰だよ
さっき紹介したでしょ？河口さん
……
なんで一緒に帰ってんの？
やさしー
遅いから家まで送ってくれるって…

アイツのこと
好きなの？
はぁ？
好きなのか？
あのね…
ぎゅっ
えっ…
がしゃん
心配させないで…
…うそ
頼むから…

チュン
チュン
がばっ
ひ…
久しぶりにしてしまった…
この問題――
意外にも早く解決するんじゃ…？
そして――
Afrodite

久しぶりのイタリアンだ～
しかもオシャレなお店～
ポ…ポレちゃん！
ガリッ
ん？口の中に？
異物が…!?
結婚してください
え…？
今結婚って言った？

ごくっ
えっ!
まさか
指輪を飲んだの!?
いいや…
飲んではない…
ゴボ
けど…
引っかかって…
ゴボ
てか
結婚って…
吐いて!
早くトイレに!
え…?
でも結婚…
いいから早く~!
別れを考えていた矢先に
まさかのプロポーズ――
ぶじに
とれたよー
ホッ
でも…
今後さらなる試練が
待ち受けていることを
この時の私は
知る由もなかったんだ

キョロ
キョロ
サッ

Chapter 4
いざ！新婚旅行

1日目
おおーっ！
プか～っ
すご～い♡
見て！ベッドも！
美しいバラ!!
これがスイートってやつなのか！
Welcome to
世の中にはこんなに素晴らしい場所があったんだね
景色もサイコ～♪
山木さんってばうれしそう…♡
今夜のエッチは期待できそ…
くるっ

ってもう寝てるぅぅ～
美しいバラの上に!!
ぐお～
まぁ移動時間も長かったし…
パチン
明日があるさ～♡
2日目
先にお土産選びしとこう
会社用だろ～友達用だろ～それから～
そうね…
大丈夫！大丈夫！
今日の夜にはきっと…
キャ～
?
?
なんだか照れちゃうな～♡
バン
バン
あ～一日歩き回って疲れた～
がぐ～
まだ20時だぞ
寝るの早《はや》っ！

3日目
お互いの両親が
到着
えらかったで〜
ドヤ
ドヤ
遠いところスミマセンー
対応に追われ
結局 その夜も
何もなく…
4日目
そんなことも
あろうかと…
フフフ…
私は秘策を
考えていた…
キンタマーニ
いこう！
は？
れっきとした
観光名所です
※バリ島では有名な観光スポット

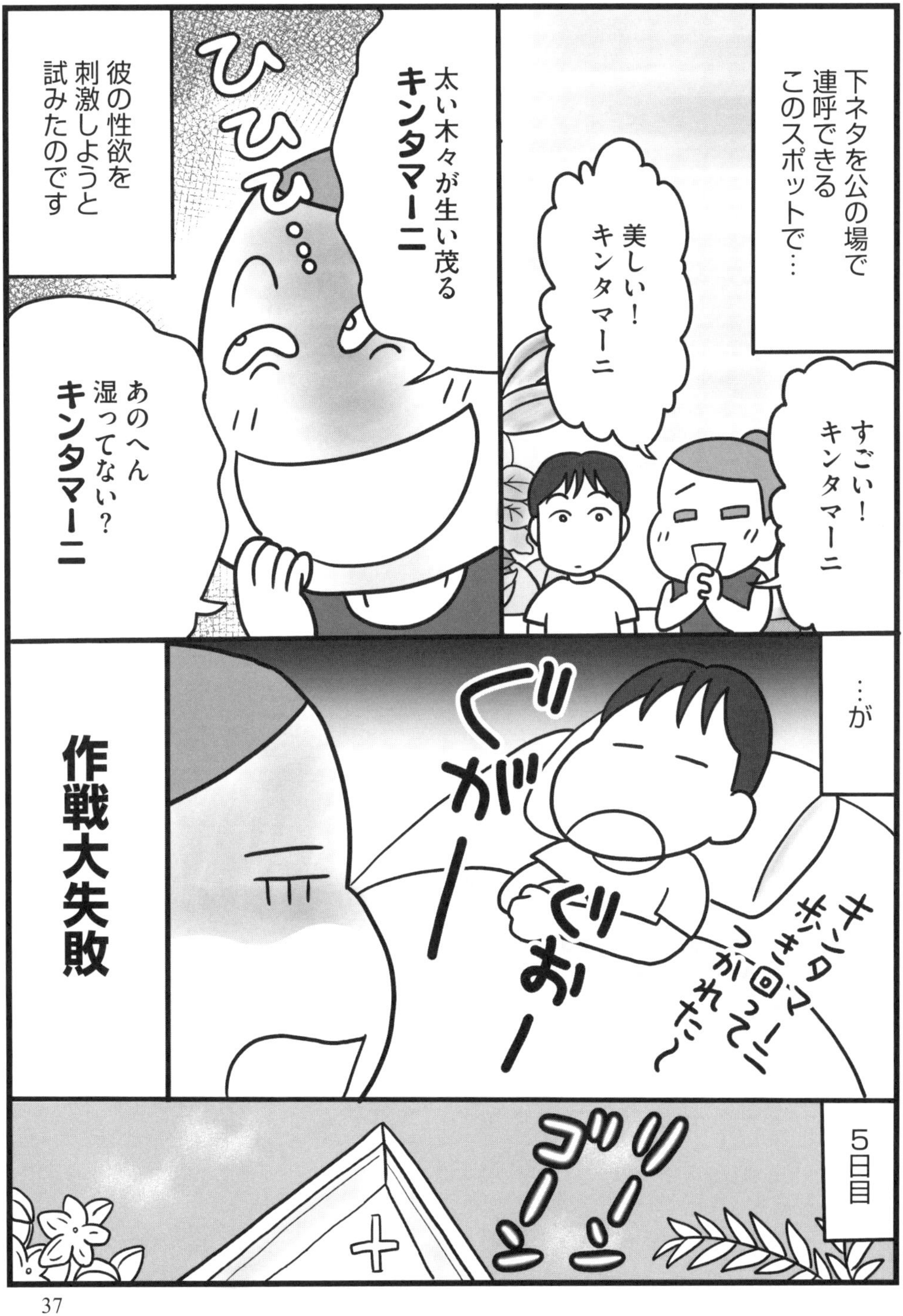

下ネタを公の場で連呼できるこのスポットで…
すごい！キンタマーニ
美しい！キンタマーニ
太い木々が生い茂るキンタマーニ
ひひひ…
あのへん湿ってない？キンタマーニ
彼の性欲を刺激しようと試みたのです
…が
ぐがーー
ぐりおーー
キンタマーニ歩き回ってつかれた〜
作戦大失敗
5日目
リーン
ゴーン

結局1回も
セックスすることなく
挙式を迎える
おめでとう！
キャー
お姉《ねえ》様♡
キレイよ～
いつもの
ポレちゃんじゃ
ないみたーい
どーも♡
どう？
さすがのアンタらも
楽しんでるっしょ♡
こんなに
ムードある
場所でさ～
……
だってぇ～
うちらだって
こんなに楽しんでるん
だから～♡
ねーダーリン♡
やめろよ人前で～
イチャイチャ
チクショウ！
お前らは人の結婚式にきて
ヤリまくりか！

しかしまぁ…我が娘もなぁ～馬子にも衣装とはいうが――
若い二人ですし
孫に衣装のが先かもしれませんよ
「馬子」ならぬ「孫」ですか！
山木さんじつにゆかいゆかい
アハハ
くだんねーオヤジギャグ…
孫の顔を楽しみにしてるわよ～
そ そうですね…
そして
Internasional Ngurah Rai
ついに帰国当日
ゴーー
何から何まで最高だったね！

ポレちゃんも
キレイでさー
……
こんなのアリ?
ハネムーンに
なんにもないなんて
やっぱりおかしいよ…
楽しかった…
けどね 山木さん…
ってオイ!
ぐー
がおー
あれだけ寝たのに
飛行機の中でも
寝るんかーい!
こうなりゃヤケ酒だ
チクショウ!
酒だ!酒!
お姉ちゃん
酒持ってきて!
?
?
ビアーで!
オーケー?
イチャ♥
イチャ♥
母さん…
父さん…
イラ
イラ

Chapter 5
ダンナに直談判!
なんでしてくれないんだろう…
結婚してからはまだ一度も…
ねーねー
ねぇってば…
疲れてるんだって

このままでは永遠にレスかも！
どうしよう！
なんとかしなくては…
ごちそうさま
ちょっといいかな？
話があるんだ
え？

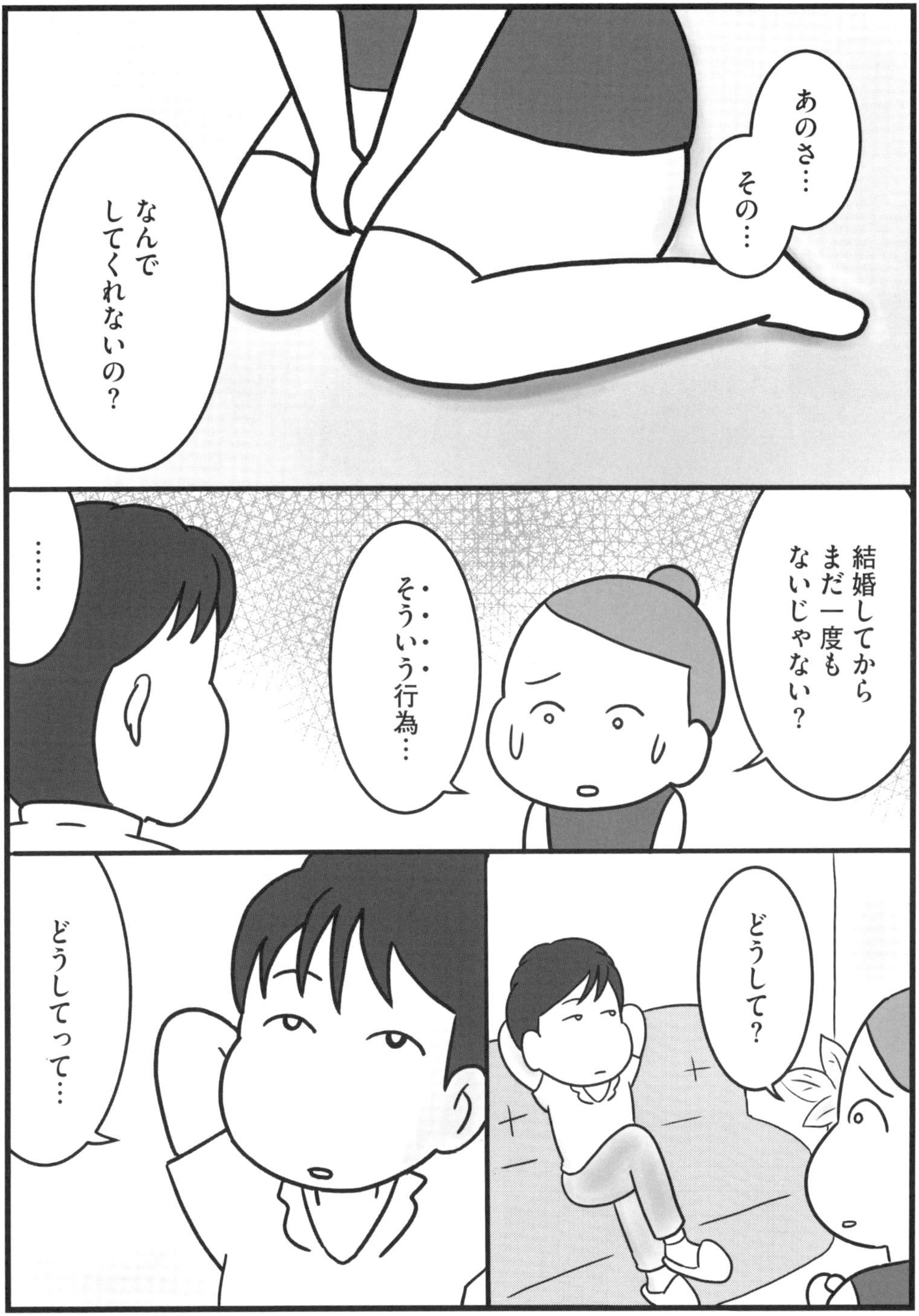
あのさ…その…
なんでしてくれないの？
結婚してからまだ一度もないじゃない？
そういう行為…
……
どうして？
どうしてって…

逆にどうして分かってくれないの?
えっ…
僕の仕事は本当に忙しい…
帰宅が深夜になることもしょっちゅうだし…
入稿前は家に帰れないこともある
神経を使うから心は常に緊張状態だ
僕が毎日どれだけストレスまみれで時間に追われながら仕事をしているか
家で仕事してるポレちゃんには分からない?

でも…
みんなはそんなの
おかしいって…
みんな?
そのみんなって
誰のこと?
……
妹や友達
せいぜい3人程度の
意見でしょ
そんな…
大切なのは
僕の気持ちであって
周りにとやかく言われる
筋合いはないよ

山木さん…
私のこと好き？

バカなこと
言わないでよ
じゃあ
どうして…
そんな質問
やめてよ
僕は誰よりも
ポレちゃんを
愛してるよ

明日は朝5時起きなんだ
そぅ そぅ
起こしてもらえる？
おやすみ…
パタン
その夜
友達からグループLINE《ライン》が届いた…
ピコン ピコン
妊娠したみたい
マジで！？
おめでとう♡
今度みんなでお祝いしなきゃね！

Chapter6

深夜の切手シート大作戦!

そういや
ポレんとこは…
私はまだ…
ちょっと〜
新婚でしょーが!
アハハ
毎日ヤリまくってるクセに〜
ワハハ
すぐできるって!
うう
あれ?
じ…
実は…

それＥＤかもよ
い…ＥＤ!?
いや…だって うちのダンナ まだ30代だよ！
ないって ないって
年齢なんて 関係ないよ
山木さんって 編集者だし 多忙じゃん？
ストレスも 半端なさそうだし…
男としての プライドもあるから 「実はＥＤかもしれない」 なんて言えないよね～
そ… そんな…

ED疑惑か…
私の元カレもEDでさ～あのクソ男粗チンのクセに…
確かに
「疲れてる」を理由に不必要に避けられすぎているもんな…
でも面と向かって…
EDだから拒むんでしょ！
えっ…
なーんて聞けるワケないし…
Googlee
ED 原因
カチッ
どうしたもんかね…
ん？

EDかどうかチェックする方法？
カンタン
EDチェ
EDかどうか
①
②
それによると…
① 就寝前にペニスの周りに数枚以上つながった切手を巻きます。
フムフム
ほう！
② 目が覚めた際に切手のミシン目が切れていたら就寝中に正常に勃起反応がおこった証拠です…
つまり！寝る前にチンチンに切手を巻くだけでEDかどうか判断できる！
な〜んだ!!
超カンタンなチェック方法じゃん！

これならば
男のプライドを
傷つけることもない！
バナナで練習中
ぐぉー
ぐぐ〜
幸いにも
山木さんは眠りが
深いから…
めったなことで
起きやしない…
よし！
やってみよう！
善は急げ!!
その夜——
ぐぉー
ぬぎたてのくつ下
眠ってる
眠ってる

ええい！
ままよ！
ずるっ
サッ
ペロッ
サーッ
ミッション成功！
ハーッ
我ながら神ワザだった…
ぐがー
あとは
気づかれぬ
ことのないよう
経過を見守る
のみ…
ゴクリ…
ぐーがー

チュン
チュン
さて
そろそろ
切手の状態を——
ドキ
ドキ
！
ばっ
ぐー
切れている…
もっこり
っていう以前に
超元気に朝立ちしてる
じゃねーかっ！
なのにどうして!?

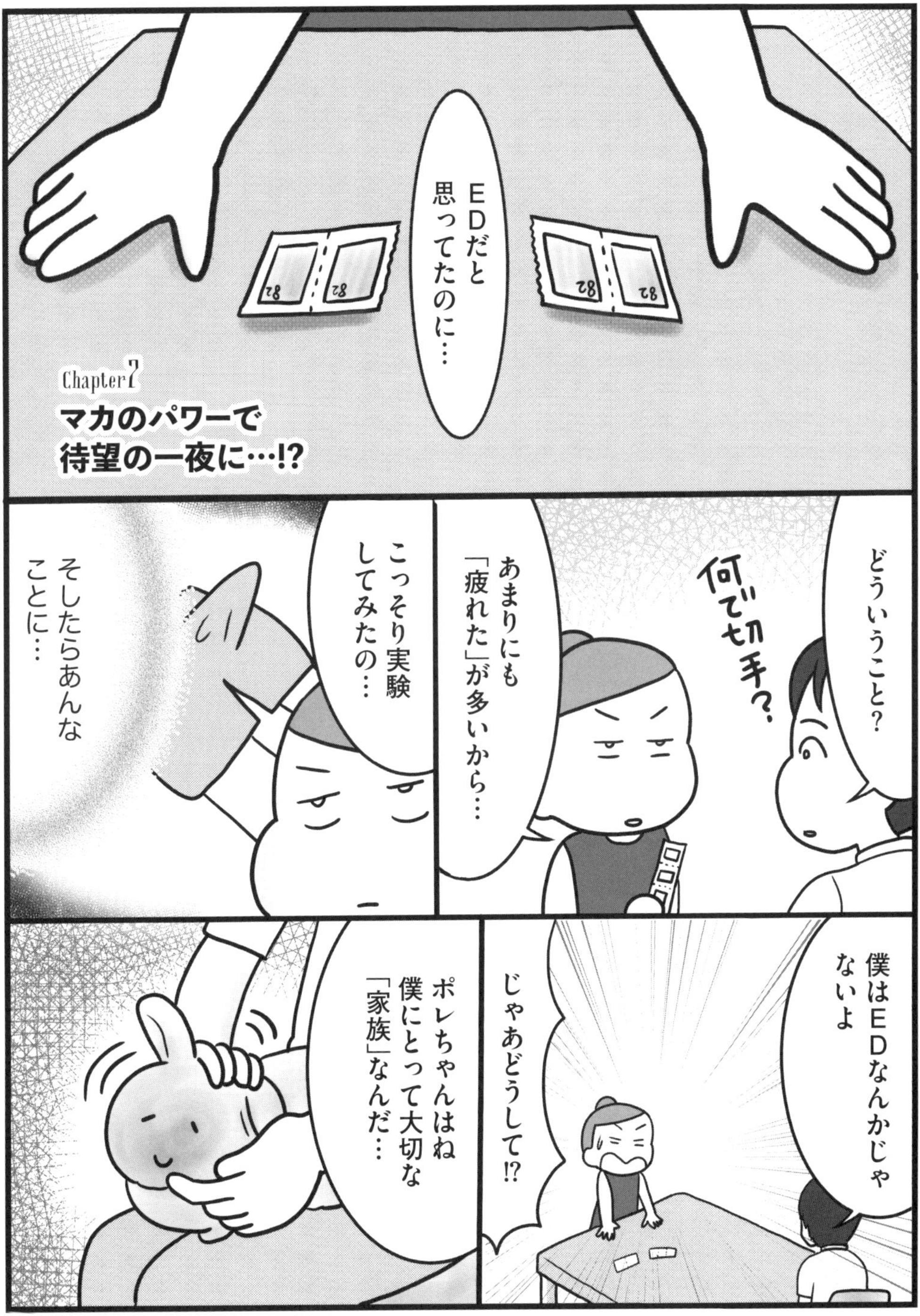
EDだと思ってたのに…
Chapter7
マカのパワーで待望の一夜に…!?
どういうこと?
何で切手?
あまりにも「疲れた」が多いから…
こっそり実験してみたの…
そしたらあんなことに…
僕はEDなんかじゃないよ
じゃあどうして!?
ポレちゃんは僕にとって大切な「家族」なんだ…

そういう行為をしたくても「家族感」が…
「家族感」…
AFRO
特売!!
本日のセール品
う〜ん…
何か根本から変わるようないい解決策はないかな…
精がつくよ〜
今夜はうなぎだよ〜!
ん？
そうか！料理というテがあったか！
精をつけて心身ともに元気になってもらうところからはじめよう！

元気がないなら
元気にしてみよう
ホトトギスじゃ！
ぺかーっ
わーっ
今日のごはんは
豪勢だな～♡
ウナギ！
山木さん
大好きでしょ
長芋！
カキフライ！
こんなにまで
してくれて
ありがとう！
たべて～
たべて～
ううん
山木さんこそ
いつもお仕事を
頑張ってくれて
ありがとう

あれ？
おみそ汁のまないの？
ぎくっ
私はいいや…
ふーん…
この
あさりのおみそ汁
おいしいのに～
なぜなら精力の
アップする
マカ入りだからね…
ジャー
絶倫マカ
プフ…
おかわりー
やっぱり
ポレちゃんの
ごはんは世界一だな
はいどーぞ
ありがとう
たくさん食べてね♡

ごちそうさま～
はー
おいしかったー
さぁ！
あとはスイッチが
入ってくれることを
待つのみ！
深夜2時…
パワプロ
1試合しよう
打った～
平凡なゴロー
ドキ
ドキ
あと
もう1試合
デッドボール～

チュン
チュン
はっ…朝!?
寝てしまった!?
山木さん!?
あれ? どこ?
あっ…
起こしちゃ
かわいそうなので
そのまま会社に行
帰りは0時くら
作戦は失敗か…
ん?

このニオイは…!?
くん
くん
!
こっ…これは…
もわ〜〜
このティッシュの山は…!?
精力つきすぎて一人エッチしとるやないけーっ!
くっさ

……
どうして…？
私が横で寝てるのに…
生身の女性がそばに居るのに…
そんなに…
私に魅力がないってこと？

Chapter 8
ヤル気UPはセクシー下着から!
アンタの魅力?
グサッ
ゼロだね
傷心の姉にむかって言う言葉!?
ひどすぎる
いたいなぁ…
最後まで聞きなさいよ
ぐいっ
ううう…
そもそもアンタって家ではいつも同じ格好じゃん
グサッ
仕事中はメガネにジャージ
おまけにジャージは高校の校章入り
グサグサ

だって家で仕事してると…
分かってるって
毎日家でもオシャレしろとは言わない！
でもさ…そういうのが原因のひとつだったら？
………
したくなるような雰囲気は自分で作らなきゃ
マスタ〜次グラスホッパーで
なるほど！
したくなる雰囲気は自分で作る！
CANDLE コーナー
よーしっ！

ばーーん
これでどうだ！
ボワッ
すごい…なんてロマンチックなの♡
完璧じゃん！
こんな雰囲気だったらきっときっと山木さんだって…
ポレちゃんオラ…
なんだかすっげぇムラムラしてきたぞ…
したくなるに違いない♡

………
えーと…
何かの儀式…？
もわ〜
まぁ儀式っていえば儀式だけどね♡
さーて
そろそろあがろっかな〜

じゃーん♡
ちょっと大胆すぎたかな?
でもいいよね!こういうセクシー下着も新鮮だよね♡
ねー
山木さ…
ってあれー?
ピコ
ピコ
体力
試合ガンバッテ
ねーねー
ピコ
ピコ
おーっと
犠牲フライになりそうだ

ねー
ゲームじゃなくって
ベッドを見《み》…
ガッ
あー
布団に…
ボッ
な…何
やってんの!?
え?
え?
どいて!
どいて!
え?
ざばぁ

よかったよ…大事にならなくて
幸いにもほんの少しの焦げだし…
もうひとつの布団は無事だし
こんなおふざけはしないでよ
えっ！違うよ…
おふざけなんかじゃないよ！
ロマンチックな雰囲気を作りたかっただけで…
それに見て！この格好だってね…
僕はさ…

普段のポレちゃんが好きなんだ
今夜はお客さん用の布団借りるからね
え？山木さ…
パタン
そんな～
あたしゃ一体どうしたらいいんだよ…

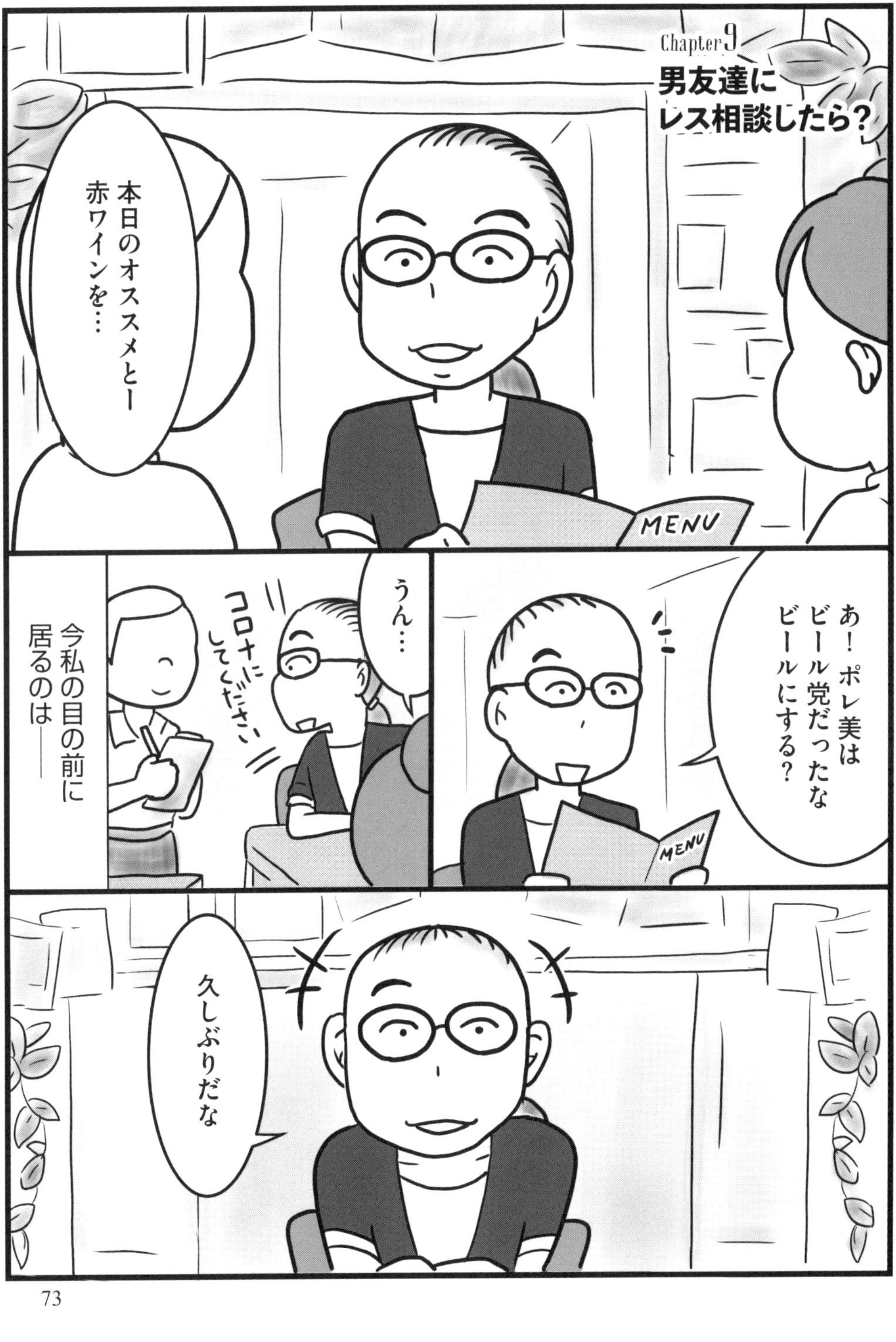
Chapter 9
男友達に
レス相談したら？
本日のオススメとー
赤ワインを…
あ！ポレ美は
ビール党だったな
ビールにする？
うん…
コロナにしてください
今私の目の前に
居るのは——
久しぶりだな

あの日――
デコリン♪
本当に偶然にLINEがきて…
シバっち
久しぶり！元気してるか？
メシでもいこうぜ
シバっち元気そうだね
シバっちとは同い年で好きな作家も好きなアーティストも似ていたから不思議とウマがあって…
オレもスキだぜー その本
本当？
敗れざる者たち
昔はよく飲みに行ってた
どうしたんだよ

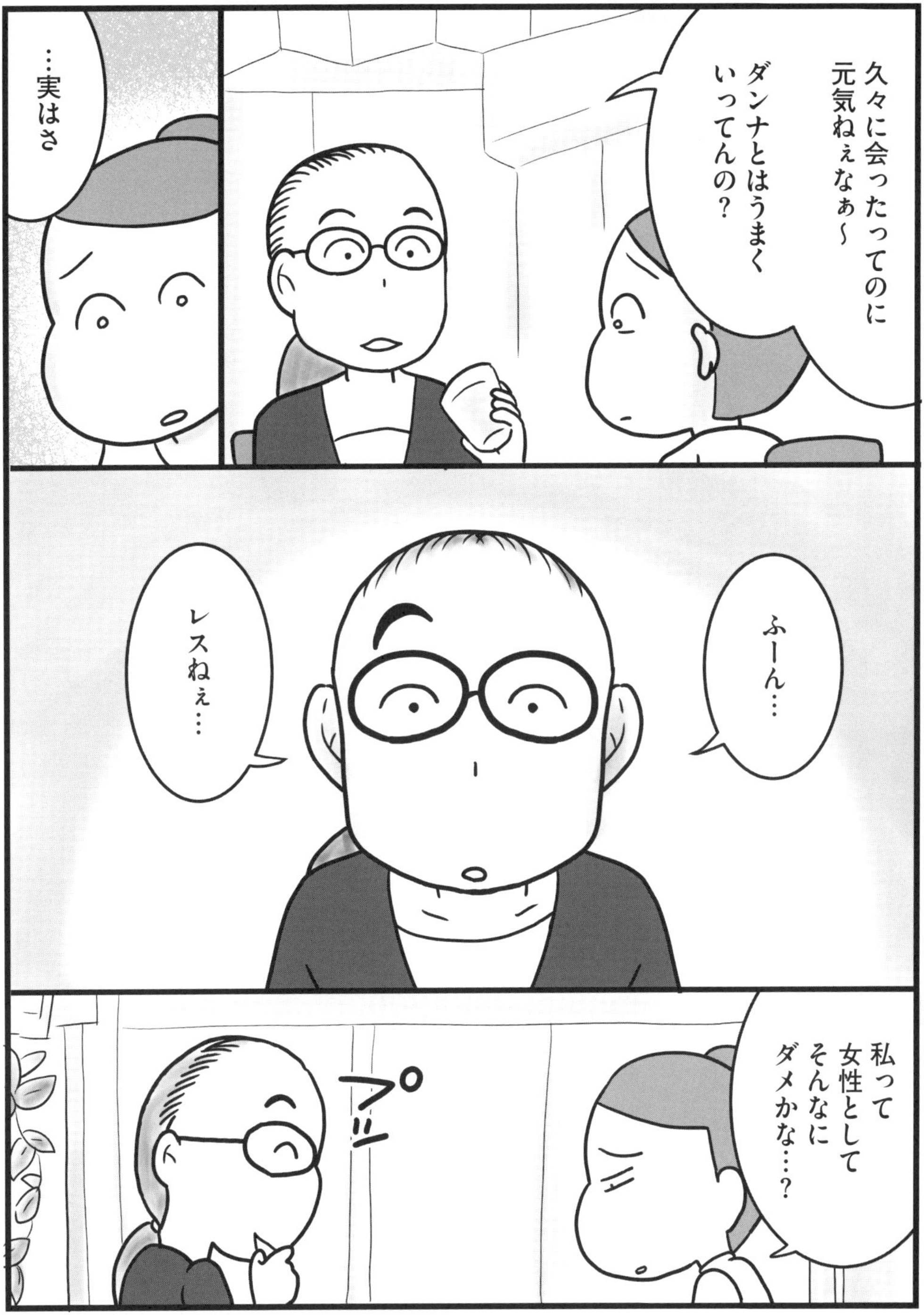
久々に会ったってのに
元気ねぇなぁ〜
ダンナとはうまくいってんの？
…実はさ
ふーん…
レスねぇ…
私って女性としてそんなにダメかな…？
プッ

なんで笑うのよ
いやいや不思議な悩みだなと思ってさ
オレはポレ美のいいところたくさん知ってるからさ
なんでかなって…
えっ…
ほらいつだったか…
あーっ!
つるっ
ごめん!洋服が…
いいっていいって

おかげで水玉の洋服になってラッキー
イエ〜イ
こういう柄の服が欲しかったもん♡
懐の深い子だな…
ゴメンな…本当に
オレが逆の立場なら怒ってるよ…
…………
もっと自信持てよ
どんな気まずい空気も明るくしてくれる…
ポレ美みたいな子が奥さんだったら楽しいよ

ウソだ…
ウソつく必要があるか？
私のこと
こんなふうに
見てくれてた人も
居るのか…
ありがとう…
なんか元気に
なってきた…
よかったよ！
ほら今日は
オレのおごりだ
飲め！
食え！
ありがとう…
じゃあエ●スビールと
ズワイガニの〜
エヘヘ〜
遠慮しろや

今日は本当にありがとうね
渋谷駅西口
いろいろ落ち込んでたけど少し元気でたよ
うまくやってけそうか?
うん…
おかげで前向きに考えられそうだし…
オレでよければいつだって話聞くからさ…
オレはポレ美の味方だから
うん…

…ありがとう
ポレ美
もう少しだけ話さない？

Chapter10 不倫、ダメ絶対?

いくら悩んでるからって…
いくら寂しいからって…
いくらレスだからって…
山木さんのことは
裏切れないよ…
ご…ごめん
今日はもう
帰るよ
そっか
じゃあ
駅まで送るよ
あっ…
ありがと
よかった…
あっさり引き下がって
くれて…
もしかして
ただのカン違い
だったのかも!

とにかく私は山木さんの奥さん！
不倫ダメ絶対！なーんてね
ん？
HOTEL GUESS
HOTEL
ホテル
HOTEL
えっ!?
えっ!?
HOTEL
ホテル
HOTEL
ポレ美…
HOTEL ~COLD RIVER~

いいじゃ～ん
しようよ～ オレとぉ～
ええええーっ！
ね？ ね？ いいでしょう？
HOT
COLD RIVER
さ…さっきまで あんなに 紳士的だった男が…
ひょ…豹変《ひょうへん》しやがった！
ご…ごめん 無理だよ！
え？

どうして？
優しくするよ
ねっ
ちょ…
触らないでよ！
ばっ
私は人妻
なんだから！
人妻…？
フッ
でも
レスなんでしょ？

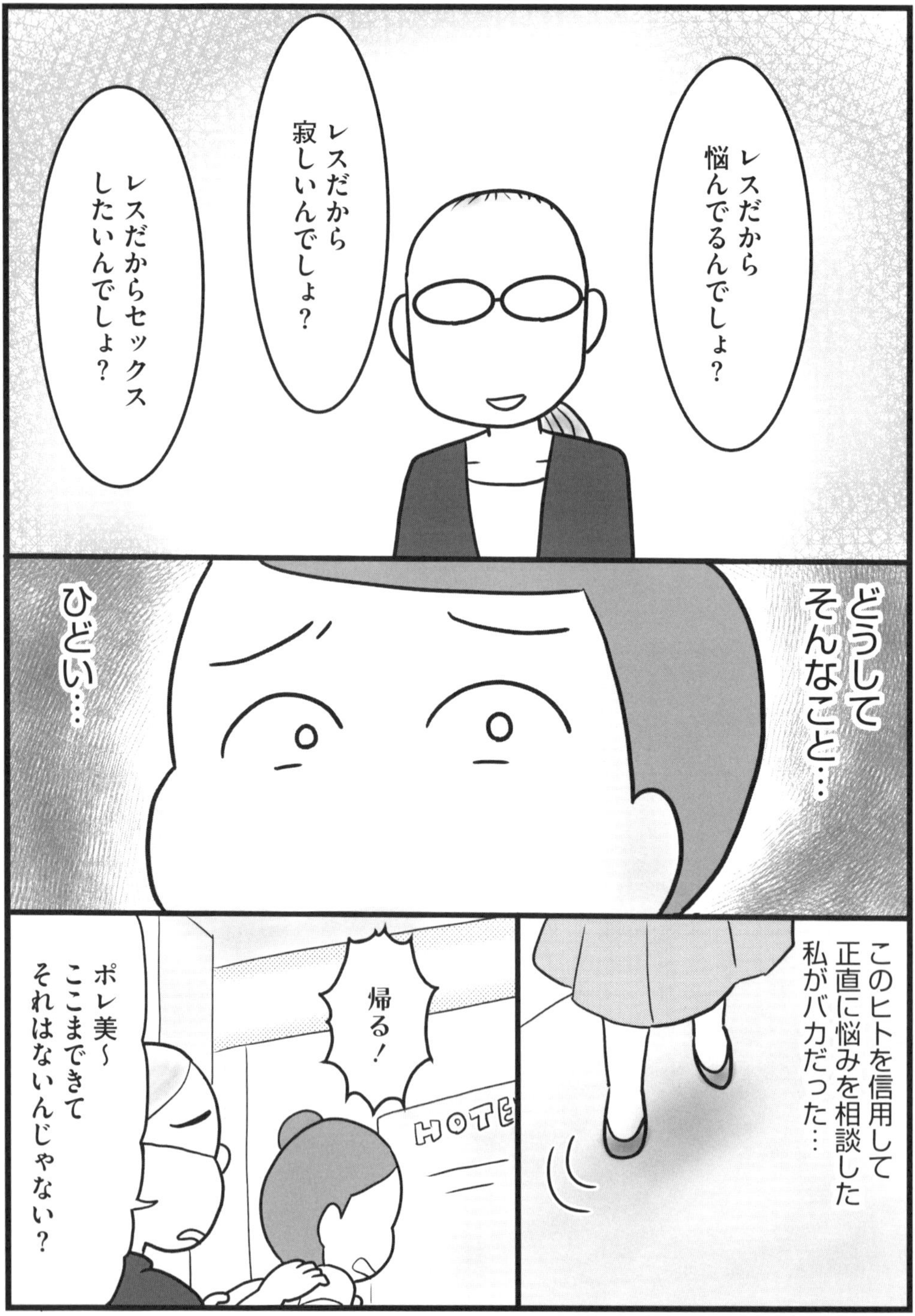
レスだから悩んでるんでしょ？
レスだから寂しいんでしょ？
レスだからセックスしたいんでしょ？
どうしてそんなこと…
ひどい…
このヒトを信用して正直に悩みを相談した私がバカだった…
帰る！
ポレ美～ここまできてそれはないんじゃない？

離せっ!
私はレスだけど
アンタとはしたくない!
え…
ポ…
ポレ美?
ダッ
プォーン
急行吉祥寺
昨日
ヤッた女がさぁ…
ヒソ
んで?
んで?
ヒソ

男なんて…
こんなに簡単に誰とでもすることができるのに…
週刊民衆
夏だ!!
SEX
ヤレる女とは
どうして?
どうして山木さんは私としてくれないの?

COLUMN

1

[セックスレス嫁日記]

結婚して間もなくの頃、夫である山木さんからこんなことを言われました。「女房と味噌は古いほど良い。僕もそう思うよ」と。長年連れ添った女房は気心もしれていて、古くても味わいが出てくるものだ、という意味のことわざです。

9年という長い交際を経て、お互いの性格や趣味、考え方に至るまでツーカー同士、そばにいるのが当たり前の存在となっていた私と山木さん。今となれば「新婚の妻に対して古女房扱いかよっ!」とツッコミたくもなりますが、妻を熟成した味噌のように味わい深いと例えられたことに、私はまんざら悪い気もしませんでした。思わず味噌汁を作っていた手を止めて「ムフフ」と照れ笑いしてしまったのでありました。

さて。このお話は私たちの同棲時代にさかのぼります。その当時、私は「レス」という言葉を知ってはいたけれど、具体的な定義などは知らず『レスというのは、お互いの関係が冷えきっているカップルのことで』『その上でセックスもないカップルのことをいうのだろう…』などと考えていました。だから、たまに友人たちの口にする「レス」という言葉も私にとってはどこ吹く風で、『仲の良い私たちには関係のない問題ヨ』と、適当に相づちを打っていました。

1話目は友人たちと居酒屋でたわいない会話をするところから始まります。通い慣れた赤提灯のある居酒屋で、仕事の愚痴を言い合ったり、互いの近況を報告し合って楽しく終わるハズだったけれど…。そこで友人が何気なく口にしたであろう言葉に、私は焼き鳥をくわえたまま愕然としてしまうのです。

『1ヶ月が定義だって…!?』『も、もしかして私たちも――』

それまで「レス」という言葉はおとぎ話のように遠い世界の話だと思っていたのに、具体的な数字を聞いてしまったことで、「レス」という言葉が急に現実味をおびて目の前に現れました。『このままではいけない!』『こうしちゃいられねぇ!』と、私の中でメラメラと闘志に火がつきました。

KYOU MO
KOBAMARETE MASU

Presented by
Poreporemi

Chapter 11
仕事？ たまたま？ それとも浮気？

アーハハー
もーヤダー
……
なんで山木さんは私としてくれないのかな
見て！ポレちゃん！かわいいカモがいるよ
はっ
ダメダメ！久しぶりにこうやって二人でゆっくりできるんだもん
余計なこと考えるのはやめよ
本当だ…

あの子は子どもかなー
羽の色がうすいもんねー
どうしよ…
手なんか握ってみようかな…♡
スッ
はい山木です

ごめん
ごめん
誰？
同じ班の落合《おちあい》さん
取材の内容確認の
電話だった
そっか…
ねーねー
山木さん！
あのカモ見て！
リーゼントだよ
……
えっ？
何さ…
一緒に居るのに
携帯ばっかり触ってさ…
ん？

そういえば
山木さんって…
いっつも携帯
触ってない?
就寝前も…
カチ
カチ…
トイレでも…
W・C
ピ～…
ゴロゴロ…
カチ
カチ…
脱衣所にも…
ポレちゃん
このビニール袋
ちょうだい
まさか
風呂場に
まで…?
うーむ
……
あのさ…
二人で外に居る時くらい
携帯触るのやめない?
えっ…

仕方ないでしょ
いつ張り込みの連絡がくるかも分からないし…
いつ差し替えが入るかも分からない…
僕みたいな週刊の芸能班は常に最新のニュースをチェックしなきゃ
でも…さすがにやりすぎだよ
もしかして疑ってるの？
そんなんじゃ…

ない…
けど…
帰ろうか…
うん…
外角低めー
携帯を触らないのはゲーム中くらいか…
電話鳴ってるよ
ブーブー
え?
ちょ…触らないで!
ばっ
返して!返して!

え…
はい
山木です
はい…
はい…
パタン
どうして
外に？
もしかして
山木さん…
…浮気してるの？

Chapter12
いい匂いの女

チュン
チュン
ダメだ…
仕事に身が入らない
パタン
山木さん…
浮気してるのかな…
ん?
着信
03-XXXX -XXXX
誰だろ?
はい…
「週刊《しゅうかん》スキャンダル」編集部ですが…
週刊スキャンダルって山木さんの編集部じゃん!
ははい…
突然のお願いで大変恐縮なんですが——

ポレ美さんに お仕事のご依頼を――
古巣出版 株式会社
古巣
山木さんは 居ないのかな…
キョロ
キョロ
お待たせしてしまって 申し訳ありません
週刊スキャンダルの 落合と申します

おおーっ いかにもできそうな 女性編集者〜
ええ乳 してんなぁ…
どーも どーも
いつも山木がお世話になっております
ポレ美さんのことは伺っていたんですが…このたびは無理なお願いになってしまって…
いえいえ…
それで今回お願いしたいイラストというのがですね…
あれ… そうだ
この人なら同じ編集部だし何か知ってるかも…
あの…
山木って最近は編集部内でどんな感じですか？
なんか疲れてそうだったり変わった様子は——

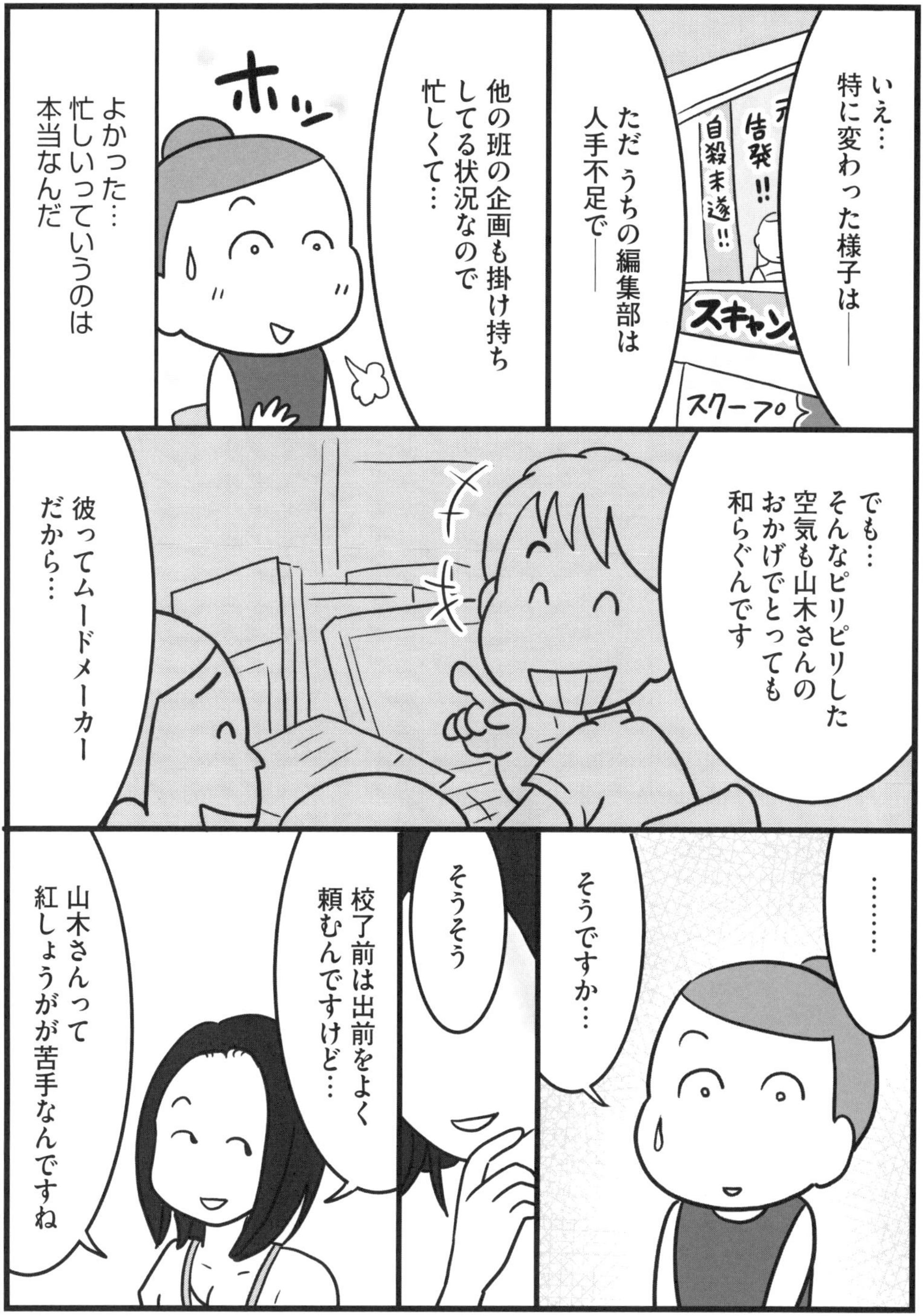
いえ…特に変わった様子は――
告発!!
自殺未遂!!
スキャン
スクープ
ただ うちの編集部は人手不足で――
他の班の企画も掛け持ちしてる状況なので忙しくて…
ホッ
よかった…忙しいっていうのは本当なんだ
でも…そんなピリピリした空気も山木さんのおかげでとっても和らぐんです
彼ってムードメーカーだから…
………
そうですか…
そうそう
校了前は出前をよく頼むんですけど…
山木さんって紅しょうがが苦手なんですね

かわいいですよね
つるっ
あっ
ごめんなさい！うっかりして…
どうしよう…資料がお茶で…
大丈夫です
フッ
ポレ美さんって想像した通りの方でした

そ そうですか？
ん？ なんだろう… この感じ
今日は ご足労おかけしました
とんでもないです…
では… よろしくお願いしますね
ふわっ
いい匂い…
香水かな…
ガーッ

落合さんか…
週刊スキャンダル
SHUKAN SCANDAL
OCHIAI
E-MAIL ochiai@
PHONE +81-3-XXXX-XXXX
FAX +81-3-XXXX-XXXX
同じ班の落合さん
そっか…
あの時の電話の——
まさか…
まさか…
ね…

Chapter13
シャツについた長い髪

落合さん…
………
ポレちゃん？
おっと！やめよう！
居心地のいい空間を山木さんが作ってるんだもんね
編集部ではみんなのムードメーカー
ウンウン
？
それが分かっただけでも収穫ではあるまいか！

日夜スクープを追い
時間に忙殺される夫！
それを陰ながら
支える妻として！
ヨッ
内助の功！
せめて家でくらい
リラックスして好きに
過ごしてもらおうよ！
そう…
家でくらい
好きに…
私の大スキな
しいたけを全部
食べやがったな…
ごちそうさま～
チュン
チュン
カチッ
送信完了っと
よしっ
落合女史との
仕事も終わったぞ
フー
おつかれ～
おっ
新着
メール
早速メール？
仕事の早い人だな～

落合です。
このたびは急なお願いにも関わらず
ありがとうございました。
今後ともよろしくお願い致します。
追伸
追伸
山木さん、今日は元気そうでしたよ！
ももクロの話で二人で
盛り上がっちゃいました。
……
なんだろう…このモヤモヤした気持ち…

私の考えすぎ
なのかな…
ただいまー
いやー
今日は暑かったね
先にお風呂入って
きていい？
うん
ちょうど沸いてる
その前に
ジャケット
脱いで 脱いで
あ～
はいはい
あーあ
汗まみれ
高かったのにー
おまけに
こんなに
しわくちゃに
して…
こりゃ
クリーニングだな…
もーっ
ん？

私の髪じゃないよな…
——となると
アフちゃん？
NO——あっしのヒゲはもっと太いよ〜
長くて黒い髪…
この匂い…
ふわっ
ポレちゃーん

バスタオルと
Tシャツと
パンツの3点セット～
いつものように
出しておいてね～
………
山木さんっ！
バンッ
えっ！
！
こんなところにまで
携帯！
貸してっ！
ばっ

ニャン
ニャン
ニャン
あっめ
あっ……
……ゲームだけど
ニャーン
ニャーン
ねぇ
何か疑ってるの？
や…山木さん
アナタ
浮気してるでしょ!?

山木さん…
アナタ浮気してるでしょ!?
Chapter 14
直撃！あの女との関係は!?
あがったよ

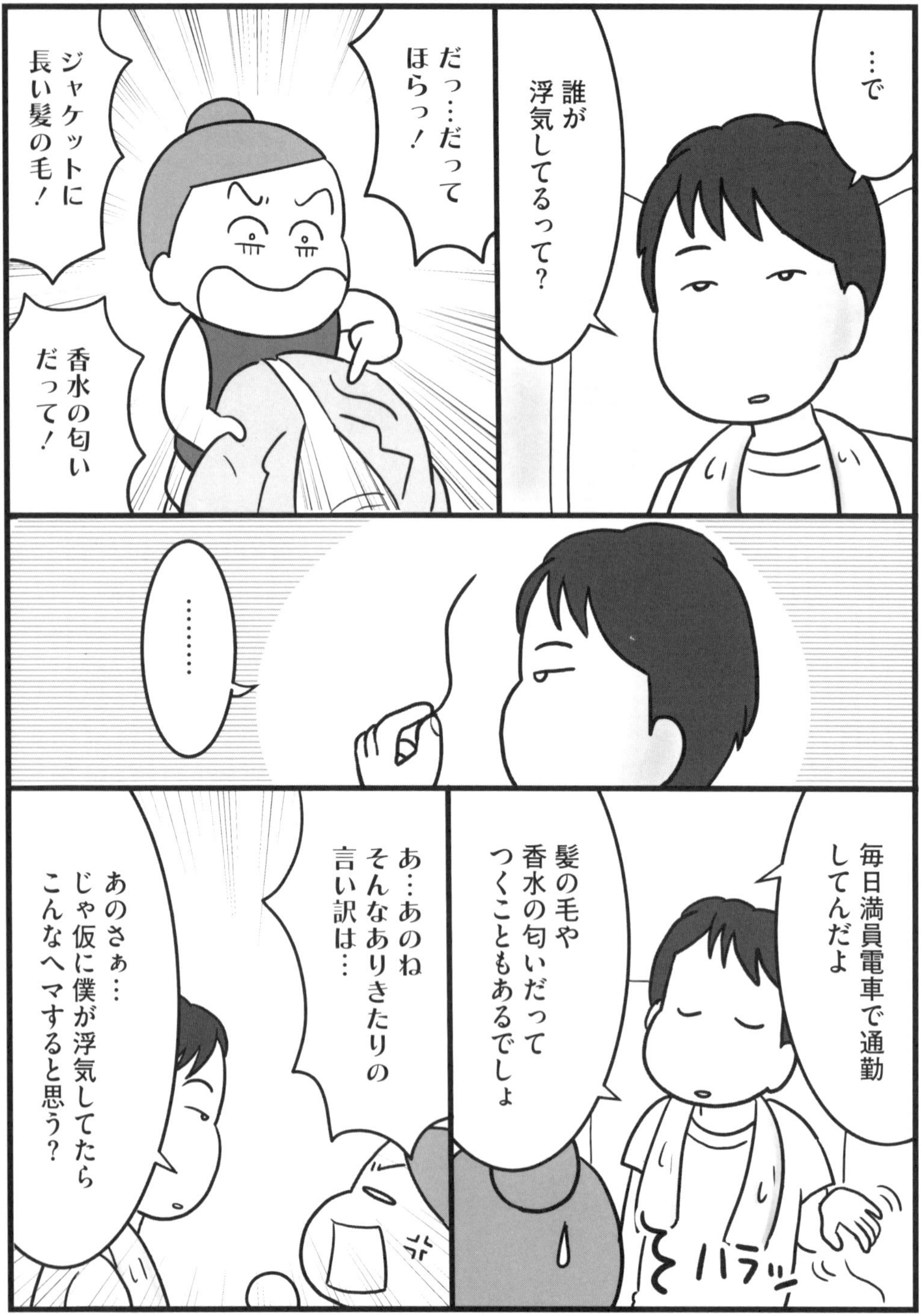
…で
誰が浮気してるって?
だっ…だってほらっ!
ジャケットに長い髪の毛!
香水の匂いだって!
………
毎日満員電車で通勤してんだよ
髪の毛や香水の匂いだってつくこともあるでしょ
ハラッ
あ…あのねそんなありきたりの言い訳は…
ガ
あのさぁ…じゃ仮に僕が浮気してたらこんなヘマすると思う?

それは…
髪の毛や香水の匂いが残らないように最低限 気をつけると思わない？
………
じゃ…じゃあ聞くけど
落合さんとの関係は!?
そうだよ…落合さん…
あの人私の知らない山木さんのことたくさん知ってるじゃん！
休日も電話かかってくるし！
ももクロの話でも盛り上がったんでしょ！

あの人 結婚してるよ
えっ……
ダンナさんのお義母《かあ》さんが 寝たきりになって…
編集辞めて ダンナさんの田舎で 暮らすんだって
最近よく 相談受けてたんだ
人手不足だし いつ辞めようかって…
………
で…でもこの前だって テレビ見ながら 「落合さん」「落合さん」って
それは野球の 落合だよ
カントクの方ね
…とにかく

僕は疑われて悲しいよ
こんなにもポレちゃんのことが好きなのに…
好きだから付き合って
HAPPY 9th BIRTHDAY
HAPPY WEDDING
好きだから結婚して
好きだから一緒に暮らしているんだよ
だからもう二度とこんな誤解は…
………
じゃ
じゃあ聞くけど…

そんなに好きなら…
なんで私とセックスしてくれないの？
…何言って
ちゃんと答えてよ！

私が今までどれだけ悩んできたか分かる？
どれだけ真剣だったか分かる？
ねぇ！
答えて！
ひっくひっく
…そっか
ポレちゃんがそんなに悩んでるなんて知らなかったよ
今までごめんね
じゃあ正直に言うよ

以前にも増して「家族感」が強くなってる気がするんだ
ポレちゃんと僕は…
……
え?
大切な家族とはそういう気持ちにはなかなか…
ごめん…

Chapter 15 女の幸せって?

オレのカミさんは豚だからな
飛ばねぇただの豚よ
重量感がハンパねぇ
豚ならまだかわいいうちはバイソンだ
水木しげる先生もびっくりよ
お前らうちなんて人間でも動物でもない妖怪だぞ
お前も覚悟しとくんだな
ごしゅーしょーさま〜
美人な嫁はどんな生き物に変身するかな?
……
ワハハ
ギャハハ
ようこそ地獄へ!!
結婚は人生の墓場よ!
あの人たちの奥さんだって奥さんなりに頑張っているだろうに…
陰であんなふうに言われるんだもんな…
ひどいよ…

昔は結婚が
ゴールなのかと
思っていたけれど――
そうじゃないんだよね
結婚は
スタートなのに…
私はスタートから
つまずいちゃってる…
結婚だって
仕事だって何もかもが
宙ぶらりん…
女の幸せって
なんなんだろう…
それに
アッチの方だって…
新婚じゃぁ
嫁を抱けてもよぉ～
ピク
私は新婚ですが
抱いてもらえません
けどね～
荒れてんな
あの姉ちゃん
ガンッ

RRR…
はい…
あ ポレ美さん？突然だけど明日って空いてませんか？
ライターさんが急病になっちゃって…代わりに取材からお願いしたいんだけど…
そうでしたか…
私でよければ喜んで！
よかった～助かります！
家庭がダメなら私は仕事に全身全霊をかけて生きてやんよ！
いや…間に合ってます
他にお仕事ないですか？草むしりでもトイレ掃除でもなんでもやりますんで！
おっ!! 持ち直した
こんにちはー

『うさぎラブリー』編集部です 本日 取材の件で…
お待ちしておりました
ぺかーっ
どうぞ中へ…
まさしく理想の家庭…
まぶしすぎて目が痛い…
くらっ
——なるほど
じゃあ ミミ子《こ》ちゃんをお迎えしたいきさつは…
だーだー
こらこら ヒロ君!

もーっ！
なんでお姉さんの膝の上に乗っちゃうの〜
ごめんなさいね
いえいえ…
あー
あー
でも不思議ねぇ〜 ヒロ君ったら 普段はすごく 人見知りなのに…
お姉さんのこと よっぽど 好きなんだろうな
ミミ子を お迎えしたのはねー
僕たち 子どもになかなか 恵まれなくって…
MIMIKO
でも不思議なもので 夫婦と1匹で仲良く 暮らそうと考えた矢先に…
ヒロが できたんだよな

ミミ子ちゃんはうさぎじゃなくてコウノトリだったのかな
そうなのかも…
お姉さんも結婚してらしたの？新婚さん？
あ　はい…
一応…
幸せですよね
家族が居るって
うちもミミ子やヒロが加わってからはますます…
何気ない日常も家族が増えると楽しい発見でいっぱいで…
毎日が幸せですよ

だー
だー
お姉さんに抱っこしてもらいたいの？
女として生まれたからには…
結婚したからには…
私も…
子どもが欲しい…

私も
子どもが
ほしい…
Chapter16
はじめての…妊活！
おかえり
あれ どしたの？
今日はお休みの
ハズじゃ…
何で
礼服？
知り合いの
マネージャーさんが
亡くなったんだ
今夜お通夜に
なっちゃって…

あ…あのね 山木さん 私…
ごめん 急いでるんだ
話なら帰ってから 聞くから…
とりあえず 終わったら連絡する！
バタン
ツン
ツン
ありがとね アフちゃん 気にかけてくれて…
大丈夫だよ

今日ね 取材先に
赤ちゃんが居たんだ
かわいい子でね…
私の膝の上に
きてくれてね
抱っこも
したんだよ
親子3人＋1匹
とっても
仲がよさそうで
幸せそうで
私も
あんな家庭が
持てたらなって…
でも私一人だけが
そんなこと思ってても
ねぇ…
TRR…
お義母さん
着信
あっ…
はい…
ポレ美ちゃん？
プレゼント
ありがとうね

あっ…無事に届いてよかったです
お義母さんバースデー
本当にありがとうね
ところで…
フミハルとはどう？
えっ…
順調？
うまくいってる？
ハ…ハァハイ…
ばーばぁ…
今ポレ美ちゃんとお話中なの

ごめんねー
今 純子《じゅんこ》が孫たちを
連れてきてるのよ
ちょっと代わるわね
もしもし
ポレ美ちゃん？
お義姉《ねえ》さん…
結婚してもう
半年になる？
ママー
見てー
早いものよねぇ
ポレ美ちゃんの
子どもは絶対に
かわいいと思うから
ハイ…
頑張ってね！
ハイ…

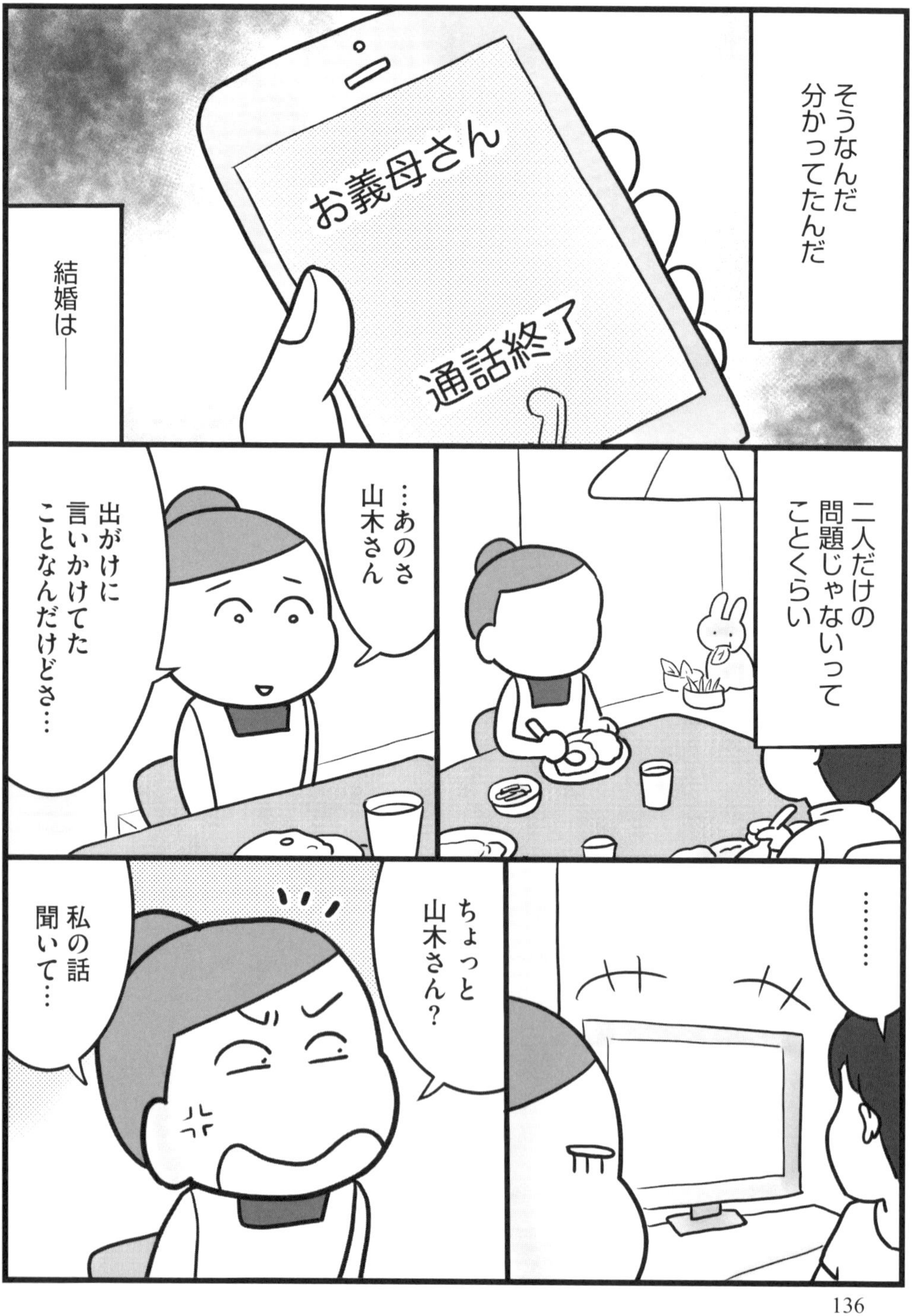
そうなんだ
分かってたんだ
お義母さん
通話終了
結婚は――
二人だけの
問題じゃないって
ことくらい
…あのさ
山木さん
出がけに
言いかけてた
ことなんだけどさ…
………
ちょっと
山木さん？
私の話
聞いて…

!?
ど どうしたの？
いや…
このテレビ番組…
えっ…
くるっ
チャーラーラーン
はじめてのおつかい
アッ君
お父《とう》さんにお弁当を
渡しに向かいます！
………

もしも自分の子どもがこんなことしてくれたらって想像したら…
涙が止まらなくなって…
そっか… 山木さんも子どもが欲しいんだ…
ぎゅっ
え？ポレちゃん？
山木さん！
妊活しよう！

Chapter 17
はじめの一歩は基礎体温
ポレちゃん…
そうだよね…最近よく考えるんだもしも僕らに「子どもが居たら」って…
山木さん…
できることは僕も協力するから…
うん…
頑張ってみよう
うん…

子どもがほしい
妊娠したい
…とはいったものの
ママになる
妊娠ガイド
妊活のススメ
そもそも私たちはレスだし妊活も どう始めたらいいのやら…
うーん…
やっぱりお医者さんに相談しよう
レディースクリニ
基礎体温をつけてみましょう

基礎体温は毎朝決まった時刻に測定します
基礎体温表
これで排卵日の予測をしていくので…
まずは3ヶ月くらい…
さ3ヶ月も!?
……
基礎体温のデータがないとアドバイスのしようがないんですよ
でも手間はかかるものの自分の体調を知る重要なデータになりますよ
赤ちゃんのために
免疫力を
まずは自分の体の状態を知りましょう
はい…

3ヶ月かぁ…
その間も時間は確実に過ぎていくのに…
ベビー
おっとダメダメ！そんなこと考えちゃ
私も頑張らなくちゃ！
まずは専用の体温計を買って…っと
へ～
こんなに種類があるんだ～
毎朝 決まった時間にってことだから――
ピピッ
ピピッ
6:00
ALARM
私は朝の6時にしよう

しかし
ピピピピ
6:00
『言うは易《やす》く行うは難《かた》し』とはよく言ったもので…
測定開始1日目——
35.34度
ぐー
がー
2日目
35.56度
ぐおー
3日目
35.67度
4日目
35.48度
ああ…眠い…
体がだるい…
フラフラ
一緒に昼寝しよー
ダメダメ～夜に眠れなくなっちゃうもん～

正確なデータを毎朝 測るためには…
1日のスケジュール
AM 6:00 起きる（測定）
8:00 アフちゃんのおうちそうじ
アフちゃんの朝ごはん
9:00 山木さん朝ごはん見送
センタク
10:00 部屋のそうじ・片付け
～仕事
スケジュール通りしっかり動かなくては！
ただいまー
おかえり～
あ そうだ ポレちゃん
明け方にかけて張り込みになってさ…3時に起こしてくれない？
さ 3時⁉
基礎体温を6時に測らなきゃいけないから難しいな…自分で起きてくれる？
悪いけど…
分かったよ…起きれるか心配だけどさ…

ジリリリリ
3:00
3:00
ジリリリ
ぱちっ
ぐぉー
山木さんはやっぱり起きないけど…
私は絶対に6時まで眠らせてもらうよ！
ぐー
がー
………
ぐぉー
がー
………
ぐー
がー
…ダメだ 完全に目が覚めた
仕方ない 今日はこの時間で測るか…

うーん…
ん？
なーんだ
ポレちゃん
起きてたの？
基礎体温だか
なんだか
知らないけどさ…
起きてるんだったら
起こしてくれれば
いいのに…
えっ…
えーっ…
あのね 山木さん
基礎体温って
いうのは…
バタン…
もういい…
………
35.42度
こんな状態じゃ
先が思いやられるよ…

Chapter18
排卵日の大勝負
ついにこの日がキタ～！
山木さん！今日は早めに帰ってきてね
えっ…
どうして？
イェ～ィ
今日が排卵日だからだよ～ん♡
ずいぶん直接的な言い方だね
もう少し他の言い方は…
子づくりにおいて排卵日がいかにチャンスにあふれた日であるか説明するよ

サッカーに例えるなら一発でゴールを決められるかも！
ゴルフに例えるなら1打目でホールインワンを達成できるかも！
ラグビーに例えるなら…
分かった分かった
それくらい今日は妊娠の可能性の高い日だってことだよね
そうだよ…
心配しないで今日は絶対に早く帰ってくるからね
本当？
僕だって頑張るよ！
今日はいつも以上に仕事に励んでくる！
いってきまーす
いってらっしゃーい
ごちそう作って待ってるからね～

PoRECo
SALE
開催中
…で
どうして私が仕事を
休んで姉の下着選びに
付き合うハメに…？
今度
おごってあげる
から～♡
久々のことだから
やっぱり下着も
こだわりたいのよ～
これは？
チェンジ！
ニヤッ
じゃあ
これは？
チェンジ！
ニヤッ
これなんか
いいじゃん
ん？
電話だ
RR…
もしもし
僕だけど…
山木さん！
どうしたの？
今ちょうどね…

ごめん…
今日遅くなるかも
えっ…
張り込み中
なんだけど…
ギリギリまで
粘らないと
無理そうで…
そっか…
電話は
山木っち？
コク
まだ遅くなるって
決まったワケじゃない
でしょ？
うん…
でもきっと…
責任感の強い
山木さんのことだから…

カチ
……
コチ
今日はもう帰ってこないのかな…
スー
スー
結局妊活よりも仕事か…
仕方ないかもしれないけど…
なんか私一人だけ盛り上がってバカみたいだ…
AFRO

もう…
なんだ こんなモノ…
ただいま！
ガチャ
ごめんね！遅くなって…
ううん… いいの！
先にお風呂にする？ごはんにする？
じゃあお風呂にしようかな
すぐあがるね！
了解!!
その間にごはんの用意もしておくね！

よかった！ちゃんと帰ってきてくれて…
山木さんだってちゃんと妊活したいんだ！
ていうか…
フフ…
いよいよ今夜は久しぶりに…
あ！
お肉の焼き方聞くの忘れてた！
山木さーん！ハンバーグはレアとミディアムどっちがいーい？
………
ガチャ
ねぇ山木さんってば…

ぐー
がー
……
パチン
…うーん
疲れた～
今日は無理
だよ～
ムニャ
ムニャ
また来月が
ある…
よね？

Chapter19 少女漫画のような夜？

だから待っててね！
…いってらっしゃい
今日が2回目の排卵日——
山木
だけど今日だって…
ママのための子育て教室
参加費無料
どうせ いつものパターンだもん
ぐしゃ
さーて仕事仕事っと…
ん？
デコリン♪
山木さん
ごめん！遅くなりそう
急な差し替えになって
ほらね…

カチ
わかったよ
さ
あ
か
カチ
こうなることは予想してたし…
送信…っと
さ 仕事仕事!
仕事のあとはそうじしてー洗濯してー夕飯つくってー
今日も一日忙しいぞー
さーて…
21:00
ブチッ
そろそろ明日の測定に備えて寝るかな～
ガチャン

ただいまー
ガチャ
ええーっ！
や 山木さん？今日は差し替えで遅くなるんじゃ…
へへ…
後輩に代わってもらった！
よーしじゃあお風呂に入ってこようかな
………
ままさか…こんな予想外の展開になるなんて！
じ〜ん
うれしい！ありがとう！山木さん…
しかし…

帰ってくるなんて
ハナっから期待
していなかったから…
全身ボーボーじゃー
おまけに
パジャマだって…
ヨレ
下着だって…
ボロ
あわわわ
どどどど
どうしよう!
あがったよー
あぇーっと
先にごはん食べる?
ううん…
今はいいから…

…シャワー
浴びてきたら？
……
…うん
パタン…
…ってあたしゃ何を今さら思春期の女子みたいに！
アホかーっ
もうアラサーの完全非処女だっつーの！
かあっ

とりあえず
クールダウンだ…
シャー
ガチャ
出た?
おいでよ
キリッ
裸ベッド!
いや…そりゃ妊活の
言い出しっぺは私だけど
ゴクリ…
こ こうも
うまく事が運ぶと…

ぐいっ
ポレちゃん…
山木さん…
はじめようか…
妊活…

ポチャン…
Chapter20
ついに抱かれる夜に…
スースー
カチ
コチ
どうしよう…
久しぶりのこと過ぎて緊張がピークに達している…
山木さん…

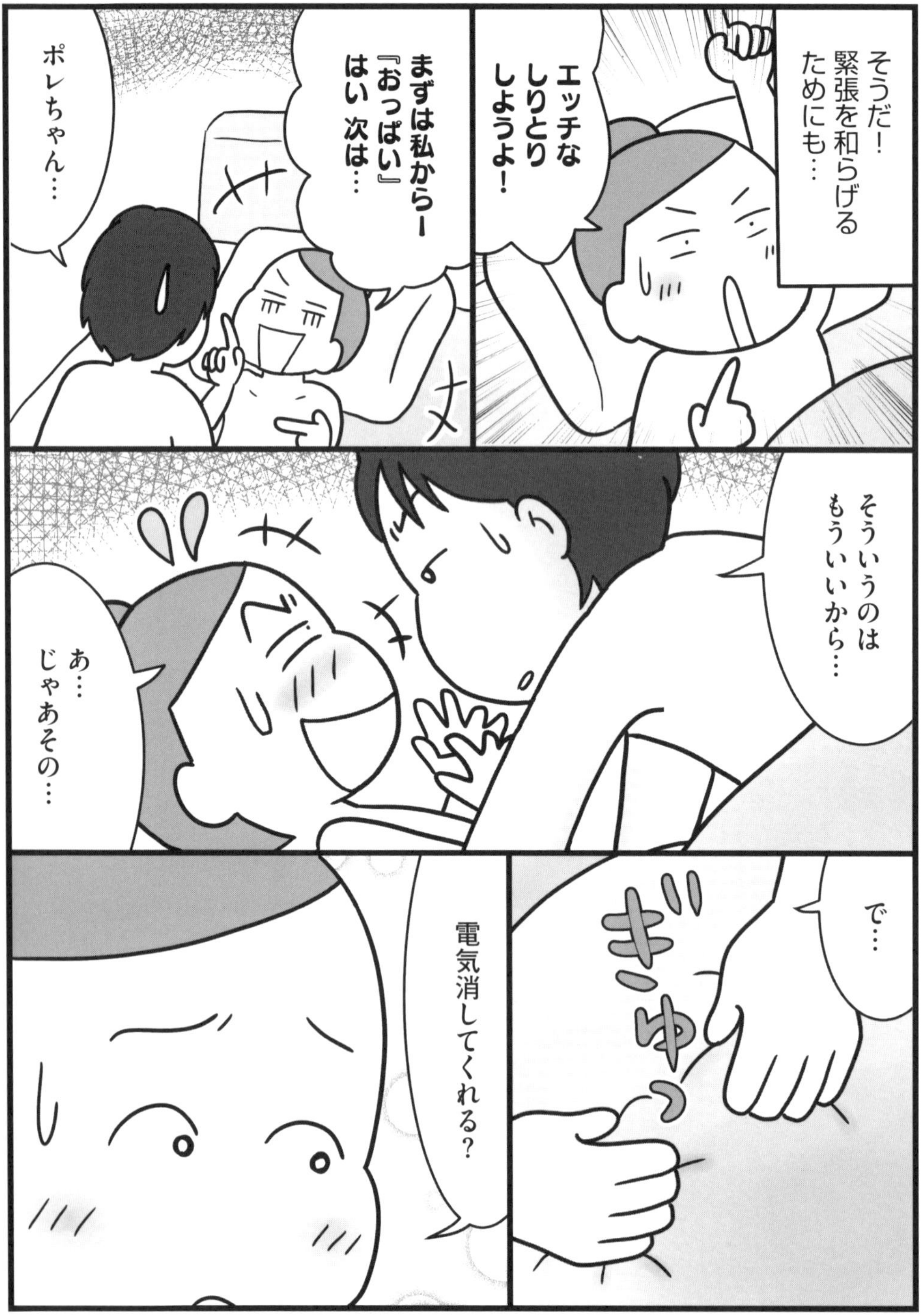
そうだ！
緊張を和らげるためにも…
エッチなしりとりしようよ！
まずは私からー
『おっぱい』
はい 次は…
ポレちゃん…
そういうのはもういいから…
あ…
じゃあその…
で…
ぎゅっ
電気消してくれる？

パチッ
ぎゃーっ！
ずるっ
ポレちゃん!?
大丈夫？
で　でぇじょうぶ…
いてて…
ほら
つかまって
ごめん…
もー
何やってんだ自分は…
いいよ
じっとしてて…

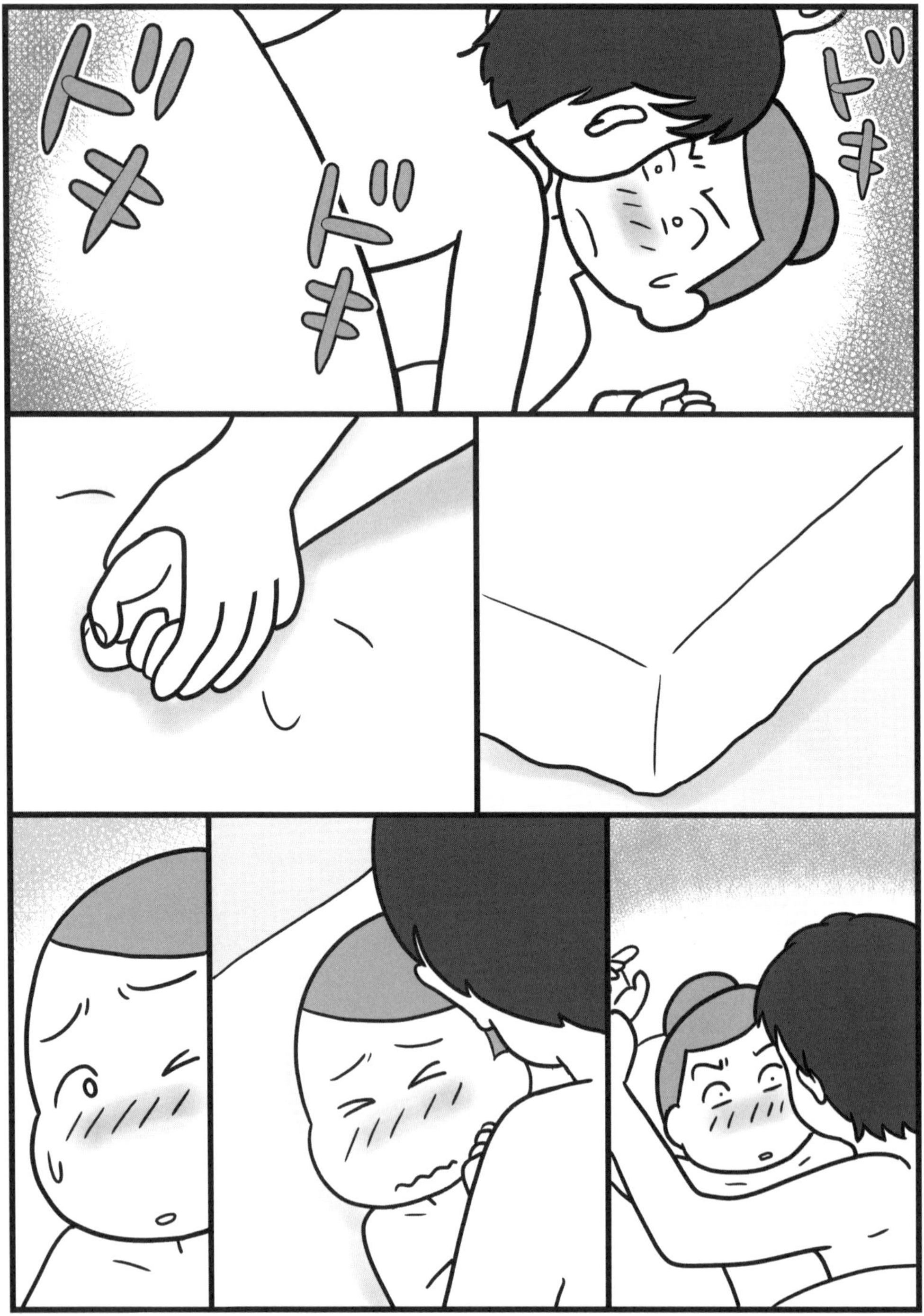
ドキ
ドキ
ドキ

…山木さん？
あれ？おかしいな…
………
さっきまで元気だったのに…
急に…
どうしてだろう？こんなこと今まで一度も…
………

ちょっと
休もうか
えっ…
山木さん 最近
あんまり寝てなかったし…
そういうの
焦ると余計に
よくない気がするし…
でも…
いいから
いいから
気にしちゃ
ダメだって!
………
あわてない
あわてない
一休み〜
一休み〜
ポン
ポン
ポレちゃん…
ん?

ごめんね…
………
ううん…
ガラッ

どうして私って
いつもこうなんだろう…
せっかく
山木さんが忙しい中
帰ってきてくれたのに…
さっきのことは
きっと私が原因だ…
ポタ
ポタ
これから先…
どうしたら
いいんだろう…

COLUMN

2

[セックスレス嫁日記]

漫画の中で触れたように、私は「レス」を打破するため、さまざまな作戦を実行しました。

最初に実行したものは、「セックスチケット作戦」。我ながら、「YES」とミシン目のついたチケットや、バラエティー豊かなプレイ内容には『絶対使ってくれるハズだ』と手応えを感じ、ニンマリしてしまいました。チケットの結果は漫画のとおり惨敗でしたが、ひょんなきっかけからセックスができたことで自信のついた私は、『結婚したらレスも改善されるに違いない』と、プロポーズを受け入れるのですが…。

『待てど暮らせどセックスの「セ」の字もないではないか…』

新婚だというのに、何をやっても空回りする日々に、次第に頭の中は「レス」で埋め尽くされるようになっていきました。常に考えることは「セックス」のことばかりで、『自分はただのヘンタイなんじゃないのか!?』と、自己嫌悪に陥ることもしばしば。これが女性側拒否のケースであれば「いや～最近女房から避けられちゃってね」などと、笑い話にできるかもしれません。でも、男性側拒否のケースで「いや～最近旦那から避けられちゃってね、ダハハ」などとは周囲には到底話せるハズもなく、悶々と悩む日々が続きました。

「ポレちゃん、明日早いんだ。もう寝よう…」

きまって言われるのはこんな言葉でした。『どうして私としてくれないの?』喉まで出かかっている言葉を飲み込み、私は黙って布団に潜りこみます。そして、『勇気を出して誘おうかなぁ…』『いや、でもストレートなのは引くよねぇ』『待ってても一向にその気配はないんだもんねぇ』。ガーガーと大きなイビキをかいて眠る山木さんの横で、恋する乙女のように、あれやこれやと考えるのでした。そしてそのたびに、Column1冒頭の山木さんの言葉を思い返し、ハッとするのです。山木さん。頼むよ。頼むから。『〝女房と畳は新しい方が良い〟とだけは決して言わないでくれよな…』と。

KYOU MO
KOBAMARETE MASU

Presented by
Poreporemi

Epilogue
結婚生活から
半年経った私たちは
今度は二人きりで
新婚旅行に行こうと
バヌアツ
ニューカレドニア
サンゴ海
「天国へ一番近い島」の
愛称で知られる
ニューカレドニアに
やってきたのでした
前回のバリ島では
ぐおー
がーー
一度もすることなく
旅行が終わって
しまった——
だからこそ
今回の旅行は期待大!
ロマンチックだしィ〜♡
天国だしィ〜♡
二人きりだしィ〜♡

わぁ…
見て見て！
真《ま》っ青《さお》な海に沈む
夕日がとってもキレイ！
キャーッ♡
ロマンチック〜
うん
キレイだね
…と
そんな天国の夕日より
気になるのが…
ちらっ
CHU♡
CHU〜♡
そこら中でキスする
カップルたち！
さすがはフランス領!!
これは
大チャンス！

ね…
山木さん…
ん
い…イヤだよ
人がいっぱい居るのに
恥ずかしいよ
パッ
え…
それより
晩ごはん食べに行こう
……
それから
山木さんは――
天使のエビ
おいし～
キスするそぶりも
見せてくれなかった…
それからも二人で
それなりに
ニューカレドニアを
楽しんだけど…

セックスは
ぐーがー
当然のようにしてくれなくって…
……
どうしてなんだろう…
そして迎えた最終日
動物好きの私たちは動物園を訪れた
あ！ 見て見て！
ニューカレドニアの国鳥のカグー！
ててて…
鳥なのに飛べないなんて面白いね
この国に天敵が居ないから飛ぶ必要がなくなったなんてね

平和でのんびりした
ニューカレドニア
みたいな鳥
君たち
新婚さん？
はい
カグーは夫婦仲が
とっても良い鳥でね
子育ては夫婦二人
協力しながら行うんだ
結婚するのは生涯に
一度だけ
彼らが離婚する
ことはなくて
一度愛を誓ったら
生涯ずっと
永遠に離れることは
なく
夫婦愛を
貫き通すんだよ

夫婦愛の…
象徴…
ぎゅっ
私たちもカグーみたいに仲良く…
ずっと一緒に居られたらいいな…
けれども
結局一度も愛を確かめ合うことはなく
私たちはニューカレドニアをあとにしたのでした

［初出］
本書は無料まんがアプリ『Vコミ』（http://vcomi.jp）にて連載されていた作品に、
描き下ろしを加えて構成したものです。

今日も拒まれてます
〜セックスレス・ハラスメント嫁日記〜

2018年3月20日　初版第一刷発行
2020年1月20日　　　第二刷発行

著者　ポレポレ美《み》
発行人　大島雄司
発行所　株式会社ぶんか社
〒102－8405　東京都千代田区一番町29－6
TEL 03-3222-5125（編集部）
TEL 03-3222-5115（出版営業部）
www.bunkasha.co.jp
装丁　山田知子（chichols）
編集協力　まんがアプリVコミ
印刷所　大日本印刷株式会社

ISBN978-4-8211-4476-1